Pescado
y marisco

BLUME

Contenido

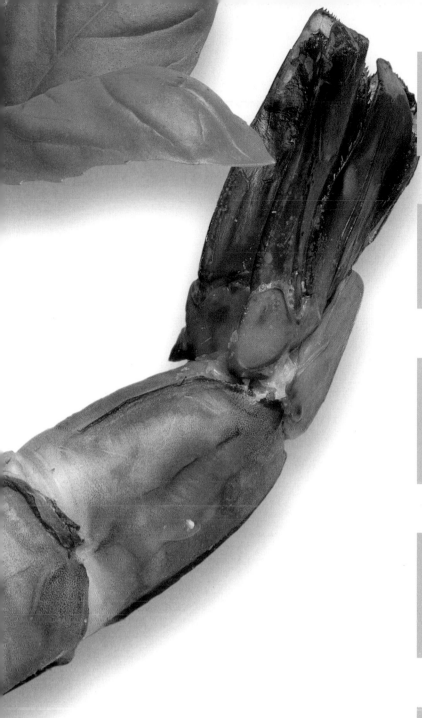

Mariscos y más
Toda una tentación

El pescado y el marisco ofrecen posibilidades desconocidas para la cocina y en todas las escalas de precio: desde un sencillo plato de pescado hasta una ostentosa receta para entendidos. Por suerte, el pescado es una fuente completa de alimento: tiene un alto contenido de proteínas, un bajo nivel de grasas, es fácil de digerir, rico en vitaminas y minerales y resulta ideal para cualquier época del año. Además, los ácidos grasos del pescado protegen los vasos sanguíneos y combaten los niveles excesivos de colesterol. El pescado se desenvuelve en diversos medios naturales. Los peces de agua dulce viven en aguas estancadas o tranquilas como los lagos o los estanques, o en aguas corrientes como los ríos y los arroyos. Sin embargo, sólo algunas de las más de cinco mil especies de peces de agua dulce ofrecen algún interés culinario. Los peces de agua salada habitan los mares de todo el planeta y gracias a la moderna cadena de frío podemos adquirir pescado de agua salada de cualquier país del mundo. Otros peces pueden vivir tanto en agua salada como dulce. También debemos considerar los crustáceos, como las gambas y los bogavantes; los bivalvos, como las almejas; los moluscos, y los cefalópodos, como el pulpo o el calamar.

1

Los **BOGAVANTES** (izquierda) son los crustáceos más grandes, poseen dos enormes y características tenazas y, a diferencia de las langostas, carecen de antenas.

1 Las **HIERBAS** como el hinojo, el perejil o la albahaca dan a los platos de pescado un aroma especial, a la vez que imparten un toque de color.

2 La **DORADA** es, junto con el besugo y el pargo, uno de los pescados más sabrosos para cocinar.

3 Las **VIEIRAS** se pueden reconocer por las acanaladuras en forma de haz de sus conchas, y llegan a alcanzar los 13 cm de ancho. Las conchas de las **OSTRAS** tienen formas, tamaños y colores distintos según su tipo y origen.

4 Los **CANGREJOS** tienen un caparazón ancho y ovalado. El borde superior tiene acanaladuras regulares.

5 Los **MEJILLONES** son moluscos robustos y se encuentran en todo el mundo. Prácticamente todos provienen de viveros.

6 Los **CALAMARES** tienen un cuerpo de forma ovalada que está rodeado de una pequeña aleta.

7 Existen unos 350 tipos de **GAMBAS**, de los que un 10 % no tienen utilidad comercial. Su aspecto es característico, con la típica cola muy desarrollada y la parte frontal serrada.

7

Las **TRUCHAS,** en sentido estricto, son únicamente la arco iris y la de río. También hay truchas marinas o asalmonadas cuya carne es rosada. Las truchas de aguas corrientes son una rareza.

Los **SALMONES** viven entre el mar y el agua dulce. La mayor parte son de piscifactorías, aunque los silvestres tienen mejor sabor.

La **LUCIOPERCA** vive en los ríos y lagos templados del centro y este de Europa. También se cría en piscifactorías.

Las **SARDINAS** son pequeños peces plateados y brillantes. Pertenecen a la familia de los arenques y alcanzan como máximo los 20 cm.

El **RAPE** se vende entero o sin cabeza y pelado.

El **ATÚN** tiene una carne rojiza rosada, casi sin espinas y rica en grasa, que se vende en forma de filetes al corte.

La **LUBINA**, que pertenece a la familia de las percas, tiene una carne magra y aromática. Se captura tanto en el Atlántico como en el Mediterráneo y es uno de los pescados más cotizados.

6

Paso a paso
Técnicas culinarias más importantes

Lo que más entusiasma del pescado y el marisco es su reducido tiempo de cocción, por lo general corto y, por descontado, las innumerables posibilidades de preparación. Sea frito o guisado, al vapor o rehogado, escalfado en un caldo especiado, marinado crudo o ahumado, obtendrá un exquisito plato rápido y sin complicaciones. Un buen aceite, un trozo de mantequilla, un puñado de hierbas y, sobre todo, una fuente de calor suave son todo el secreto, si damos por sentado que el pescado es de buena calidad. Compruébelo antes de comprarlo en la pescadería. Incluso el más novato podrá saber si un pescado es fresco por sus ojos brillantes y saltones. Éstos no deben estar hundidos ni ser turbios. La piel debe ser brillante y no mostrar bultos ni magulladuras. El color no debe ser pálido y las mucosidades han de ser transparentes y claras. Pida al pescadero que le enseñe si las agallas son rojas y si están bien separadas. El «típico olor a pescado» no es un indicio de que el pescado sea fresco.

Preparar las vieiras

1 Limpie bien las conchas con la ayuda de un cepillo bajo un chorro de agua fría.

2 Coloque la concha con la parte redondeada hacia abajo sobre un paño de cocina y sujete la vieira con la mano.

3 Inserte un cuchillo de hoja corta y resistente por todo el borde de la concha y corte el músculo que une a ambas conchas.

4 Levante la concha superior, separe la carne de la concha con el cuchillo y saque todo el conjunto.

5 Separe los bordes oscuros del músculo (nuez) y de las huevas de color naranja (coral).

6 Lave la carne a fondo y con cuidado para eliminar cualquier posible resto de arena.

Preparar un fumet de pescado

1 Coloque los recortes de pescado en un colador. Lávelos bajo un chorro de agua fría hasta que el agua salga limpia.

2 Sofría el pescado con las verduras en un poco de grasa, añada el líquido y los condimentos y deje que hierva.

3 Deje hervir a fuego lento 20 minutos, y espume las impurezas.

4 Forre un colador con una muselina y cuele el caldo inmediatamente.

Limpiar los mejillones

1 Cepille cada uno de los mejillones bajo un chorro de agua fría hasta limpiarlos perfectamente.

2 Estire y separe las barbas de las conchas con un cuchillo.

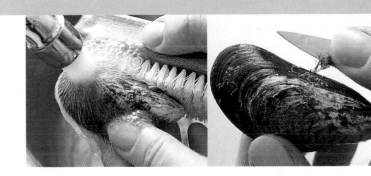

Freír pescado en una sartén

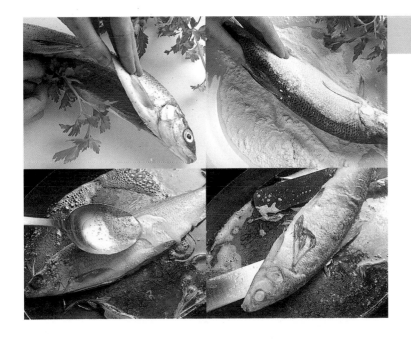

1 Lave el pescado, séquelo y sazónelo con sal y pimienta. Coloque una rama de perejil en la cavidad ventral.

2 Ponga harina en un plato. Enharine el pescado y sacúdalo un poco para eliminar el exceso de harina.

3 Caliente el aceite en una sartén y fríalo de 6 a 8 minutos a fuego medio. Moje el pescado continuamente con el aceite de fritura.

4 Dé la vuelta al pescado con una espátula para pescado y fría de 5 a 8 minutos el otro lado, hasta que esté dorado.

Entrantes
y platos ligeros

Filetes de dorada
con aceitunas y cebollas

Una delicia rápida que se prepara en el horno. Estará listo en un momento
y descubrirá, bocado a bocado, un auténtico deleite para el paladar.

Ingredientes

1 lima

filetes de 1 **dorada**

2 **cebollas** grandes

2 cucharadas de **aceite de girasol**

sal

pimienta recién molida

unas ramitas de **perejil**

unas ramitas de **cilantro**

unas ramitas de **cebollino**

2 cucharadas de **aceite de oliva**

50 g de **aceitunas negras**

Preparación

PARA 4 PERSONAS

1 Corte la lima por la mitad y exprímala. Lave los filetes de dorada, séquelos y rocíelos con el zumo de lima. Tápelos y déjelos marinar en la nevera unos 30 minutos.

2 Precaliente el horno a 200 °C. Pele las cebollas y córtelas en aros. Caliente el aceite en una sartén y sofría las cebollas hasta que estén transparentes; sazónelas con sal y pimienta.

3 Lave y seque el perejil y el cilantro. Separe las hojas de los tallos y píquelas groseramente. Lave el cebollino y córtelo de modo que quede fino. Mezcle el perejil, el cilantro y el cebollino.

4 Engrase una fuente para hornear con aceite de oliva. Vierta dentro la mitad de los aros de cebolla. Seque un poco los filetes de dorada, sazónelos con sal y pimienta y distribúyalos sobre la cebolla. Esparza la mezcla de hierbas sobre el pescado y cúbralo con los aros de cebolla restantes y las aceitunas. Hornee en el centro del horno unos 20 minutos y sírvalo inmediatamente.

Para este plato, puede emplear otros tipos de pescado en vez de la dorada como, por ejemplo, el besugo o el pargo.

Tapa de pulpo
con salsa de limón

Preparación
PARA 4 PERSONAS

1 Deje descongelar el pulpo. Lávelo bajo un chorro de agua fría restregando bien los tentáculos con un cepillo o con los dedos.

2 Ponga a hervir abundante agua salada. Hierva el pulpo entero de 20 a 30 minutos. Estará cocido cuando la piel adquiera un color rosado oscuro. Saque el pulpo y déjelo escurrir. Córtelo en trozos del tamaño de un bocado y déjelo enfriar.

3 Corte los limones por la mitad y exprímalos. Mezcle el zumo de limón, la sal y la pimienta e incorpore el aceite con ayuda de una batidora de varillas a fin de lograr una salsa homogénea.

4 Distribuya los trozos de pulpo en platos pequeños y rocíelos con la salsa. Pinche los trozos con palillos y sírvalos fríos.

14

Ingredientes

1 kg de **pulpo** troceado (fresco o ultracongelado)

sal

4 **limones**

pimienta recién molida

¼ l de **aceite de oliva**

Ingredientes

12 **ostras** frescas

sal gruesa

80 ml de **fumet de pescado**

1 cucharadita de **mantequilla**

2 cucharadas de **harina**

2 cucharadas de **Noilly Prat** o vermut blanco

50 ml de **vino blanco**

3 cucharadas de **crema de leche** espesa

pimienta recién molida

pimienta de Cayena

1 **yema de huevo**

1 cucharada de **mantequilla** derretida

2 cucharadas de **caviar**

unas ramitas de **eneldo**

Ostras a la crema
con caviar

Preparación
PARA 4 PERSONAS

1 Lave las ostras y ábralas con el cuchillo para ostras. Saque la carne y recoja el agua. Limpie las conchas, séquelas y dispóngalas en una bandeja sobre la que habrá colocado la sal gruesa.

2 Ponga a hervir el fumet de pescado y el agua de las ostras previamente tamizada y blanquee las ostras en esta mezcla durante 5 segundos. Sáquelas, colóquelas en las conchas y resérvelas al calor.

3 Bata la mantequilla y mézclela con la harina, el vermut y el vino, deje que hierva tiempo y añada el líquido de las ostras reservado. Incorpore la crema de leche, sazone con sal, pimienta, pimienta de Cayena y retírelo del fuego.

4 Bata la yema de huevo con la mantequilla derretida y mézclela con la salsa. Cubra las ostras con esta salsa y dórelas brevemente en el grill del horno. Adórnelas con el caviar y el eneldo.

Carpaccio
de dos pescados

Una **delicadeza** finísima que se deshace en la boca: el salmón
y el lenguado se combinan para formar un clásico y **sensual** plato.

Ingredientes

1 manojo pequeño de **eneldo**

2 filetes de **lenguado**

4 lonchas de **salmón**

1 manojo de **roqueta** (rúcula)

2 cucharadas de **aceite**

1 cucharadita de **aceite de nueces**

4 cucharadas de **zumo de limón**

sal

pimienta recién molida

Preparación
PARA 4 PERSONAS

1 Lave el eneldo, séquelo bien y píquelo finamente.

2 Extienda los filetes de lenguado entre dos hojas de película de plástico y aplánelos con cuidado.

3 Retire el papel. Coloque dos lonchas de salmón sobre cada filete de lenguado y extienda el eneldo por encima. Enrolle el pescado por el extremo corto y déjelo en el congelador unos 15 minutos.

4 Prepare y lave la roqueta y séquela. Distribúyala en cuatro platos llanos grandes. Saque los rollitos de pescado del congelador y córtelos en espirales muy finas con ayuda de un cuchillo muy afilado. Coloque las espirales de carpaccio sobre la roqueta.

5 Prepare una vinagreta con los aceites, el zumo de limón, la sal y la pimienta, y aderece el pescado y la roqueta con la misma.

Acompañe el carpaccio con una barra de pan recién horneada y mantequilla. Un vino blanco seco y fresco como un chardonnay o pinot grigio resulta ideal como complemento.

Rape asado a la parrilla
al ajillo

Preparación
PARA 4 PERSONAS

1 Enjuague las rodajas de rape, séquelas y colóquelas en una fuente. Mezcle el aceite con la sal y la pimienta y viértalo sobre el pescado, cúbralo y déjelo marinar en la nevera 1 hora, aproximadamente.

2 Mientras tanto, pele el ajo y píquelo finamente. Lave el perejil, séquelo y píquelo finamente. Mezcle el ajo y el perejil.

3 Precaliente la parrilla. Saque las rodajas de rape del aceite, déjelas escurrir sobre papel de cocina y colóquelas sobre la parrilla. Áselas unos 7 minutos por cada cara manteniendo un calor uniforme.

4 Lave el limón con agua caliente y córtelo a rodajas. Espolvoree la mezcla de ajo y perejil sobre el pescado y sírvalo adornado con el limón.

Ingredientes

4 rodajas de **rape**

50 ml de **aceite de oliva**

sal

pimienta recién molida

1 **diente de ajo**

½ manojo de **perejil**

1 **limón**

Ingredientes

16 **gambas gigantes**

2 **dientes de ajo**

1 **guindilla roja**

4 cucharadas de **aceite de oliva**

sal

pimienta recién molida

2 cucharadas de **harina**

algunas **hierbas** (por ejemplo, perejil)

Gambas
al ajillo

Preparación
PARA 4 PERSONAS

1 Pele las gambas y retire el conducto intestinal con un cuchillo afilado. Lávelas brevemente bajo un chorro de agua fría y séquelas bien.

2 Pele y corte por la mitad los dientes de ajo. Corte la guindilla por la mitad a lo largo, retire las semillas, lávela y séquela.

3 Caliente el aceite en una sartén y dore el ajo y el chile durante unos 3 minutos. Retire el chile de la sartén.

4 Sazone las gambas con sal y pimienta, espolvoréelas con la harina y fríalas en el aceite especiado unos 2 minutos por lado. Sírvalas enseguida adornadas con las hierbas.

Limosneras de salmón
con espárragos verdes

¿Le apetece una pequeña sorpresa? El salmón y los espárragos convertirán a estas bolsitas rellenas en un alimento original y festivo que asombrará a cualquiera.

Ingredientes

800 g de **espárragos** verdes

sal

1 **limón**

6 cucharadas de **aceite de oliva**

pimienta recién molida

2 cucharadas de **cebollino** finamente cortado

100 g de **crema de leche**

400 g de **queso fresco**

12 lonchas grandes de **salmón ahumado**

12 tallos de **cebollino**

unas hojas de **lechuga**

20

Preparación
PARA 4 PERSONAS

1 Lave los espárragos, pele el tercio inferior y córtelos al bies en trozos de unos 4 cm de longitud. Hiérvalos unos 10 minutos en agua salada, enjuáguelos con agua helada y séquelos.

2 Corte el limón por la mitad y exprímalo. Mezcle 2 cucharadas de zumo de limón con el aceite, la sal y la pimienta y añada a la salsa 1 cucharada de cebollino troceado. Incorpore con cuidado los espárragos y déjelos macerar unos 20 minutos.

3 Mezcle la crema de leche con el queso fresco, añádale un poco de zumo de limón, sal y pimienta y 1 cucharada de cebollino cortado.

4 Extienda las lonchas de salmón y distribuya la crema de queso sobre ellas. Forme pequeñas limosneras con las lonchas de salmón y átelas con un tallo de cebollino.

5 Distribuya las hojas de lechuga en los platos. Reparta los espárragos sobre ellas y coloque encima las limosneras.

Los espárragos verdes se encuentran en el mercado en invierno y primavera. Los espárragos frescos tienen yemas compactas y crujen fácilmente cuando se frotan entre sí.

Tomates rellenos
de gambas y ricotta

Preparación
PARA 6 PERSONAS

1 Lave los tomates y córtelos transversalmente en 3 rodajas gruesas. Caliente una cucharada de aceite en una sartén y sofría las rodajas de tomate 2 minutos por lado.

2 Pele el ajo y píquelo finamente. Mezcle el queso ricotta con la sal, la pimienta, las hierbas y el ajo. Prepare y lave las cebollas tiernas y córtelas en rodajas finas.

3 Caliente 2 cucharadas de aceite en una sartén, sofría las cebollas tiernas y las gambas y rocíelas con el vino.

4 Corte las aceitunas por la mitad, añádalas a la sartén y mézclelas bien. Sazone con sal y pimienta.

5 Unte las rodajas de tomate con ricotta y después con la mezcla de la sartén. Continúe así hasta que haya agotado todas las rodajas de tomate y haya recompuesto su forma.

6 Engrase una fuente refractaria con aceite. Coloque dentro los tomates rellenos y hornéelos a 200 °C 5 minutos.

Ingredientes

6 **tomates** grandes

4 cucharadas de **aceite de oliva**

1 **diente de ajo**

200 g de **queso ricotta**

sal

pimienta recién molida

1 cucharada de **hierbas** variadas y picadas

(por ejemplo, albahaca, mejorana, cebollino)

2 **cebollas** tiernas

300 g de **gambas** (peladas, listas para cocinar)

⅛ l de **vino blanco** seco

100 g de **aceitunas negras** (deshuesadas)

Ingredientes

Para la gelatina roja:

3 hojas de **gelatina roja**

125 ml de **tomate** triturado (enlatado)

sal · **azúcar** · **salsa tabasco** · 4 cl de **ginebra**

Para la crema blanca:

6 hojas de **gelatina blanca**

4 filetes de **trucha ahumada**

150 g de **crema acidificada** o espesa

2 cucharadas de **zumo de limón**

600 g de **requesón**

2 cucharadas de **raiforte** fresco rallado

4 cucharadas de **cebollino** finamente

cortado

sal · **pimienta** recién molida

Terrina de trucha y requesón
con cúpula de tomate

Preparación
PARA 4 PERSONAS

1 Para la gelatina roja, remoje la gelatina y disuélvala en un poco de agua tibia según las instrucciones del envoltorio.

2 Mezcle rápidamente el tomate, la sal, el azúcar, un poco de salsa tabasco y la ginebra con la gelatina disuelta. Forre un molde pequeño de base redondeada con película de plástico, vuelque dentro la gelatina roja y déjela enfriar. Para la crema blanca, disuelva la gelatina blanca en agua tantos minutos como se indiquen en el envoltorio.

3 Triture los filetes de trucha, la crema acidificada y el zumo de limón con la batidora eléctrica. Mézclelo a mano con el requesón, el raiforte, el cebollino, la sal y la pimienta. Añada, sin dejar de remover, la gelatina disuelta, y vuelque esta crema sobre la gelatina roja, cúbrala con película de plástico y déjela cuajar en la nevera.

4 Para servir, vuelque la terrina y retire el plástico. Corte la terrina en lonchas y sírvala sobre hojas de lechuga.

Tártaro de atún
sobre hierba de los canónigos

No tenga reparos con el atún crudo: combinado con limón
y cebolla se convertirá en una auténtica experiencia para el paladar.

Ingredientes

400 g de filetes de **atún** fresco

sal

pimienta recién molida

4 **cebollas** blancas pequeñas

150 g de **hierba de los canónigos**

2 **limones**

4 **cebollas** tiernas pequeñas

1 cucharada de **albahaca**

finamente picada

Preparación
PARA 4 PERSONAS

1 Lave los filetes de atún con agua fría, séquelos y píquelos
finamente. Sazone el tártaro con un poco de sal y pimienta
y resérvelo en la nevera.

2 Pele las cebollas blancas y córtelas en rodajas muy finas. Corte
las raíces de la hierba de los canónigos de manera que las hojas
permanezcan juntas. Elimine las hojas marchitas, lávelas y
séquelas.

3 Enjuague los limones con agua caliente y córtelos en gajos.
Prepare y lave las cebollas tiernas, córtelas por la mitad a lo largo
y haga unos cortes en el tallo verde.

4 Divida el picadillo de atún en 4 porciones y coloque cada una de
ellas en forma de una cúpula en el centro de un plato. Distribuya
las rodajas de cebolla y las hojas de hierba de los canónigos
alrededor del atún y adorne el conjunto con dos mitades de
cebolla tierna. Coloque los gajos de limón en el plato y
espolvoréelo con la albahaca.

**Este tártaro de atún resulta muy
decorativo sobre un lecho de verdolaga.
Esta hortaliza se encuentra en el mercado
en primavera y verano, es ligeramente
ácida y tiene un aroma a nuez.**

Ensaladas y sopas

Ensalada de gambas
con roqueta y pimiento

Los **colores** verde oscuro y rojo vivo de esta preciosa ensalada de gambas encantará a los gastrónomos y dará un **toque** alegre a la mesa.

Ingredientes

1 manojo de **roqueta**

1 **pimiento rojo**

2 **tomates** pequeños

6 cucharadas de **aceite de oliva**

2 cucharadas de **vinagre balsámico**

2 cucharadas de **alcaparras**

sal

pimienta recién molida

300 g de **gambas** (peladas y descabezadas, listas para cocinar)

Preparación
PARA 4 PERSONAS

1 Prepare, lave y seque la roqueta. Recorte un poco los tallos y separe las hojas. Corte el pimiento por la mitad a lo largo, elimine las semillas y las membranas y lávelo. Corte las mitades en tiras finas. Lave los tomates, cuartéelos y elimine los pedúnculos.

2 Prepare una vinagreta en un cuenco con 4 cucharadas de aceite, el vinagre balsámico, las alcaparras, la sal y la pimienta.

3 Caliente el aceite restante en una sartén y fría las gambas por ambos lados. Retírelas de la sartén y déjelas enfriar.

4 Mezcle con cuidado en un cuenco grande las hojas de roqueta, los cuartos de tomate, las tiras de pimiento y las gambas fritas. Distribuya la mezcla en cuatro platos y alíñela con la vinagreta.

La roqueta o rúcula, que hasta hace poco sólo se encontraba en Italia, se puede comprar en muchos supermercados. Para una variante de esta ensalada, sustituya el pimiento por aguacate.

Ensalada de pescado
con espárragos

Esta **original** ensalada requiere cierta dedicación;
sin embargo, su **sabor** es insuperable.

Ingredientes

2 filetes de **lenguado**

(de 70 g cada uno)

unas hojas de **espinacas** jóvenes

sal · pimienta recién molida

4 **espárragos** blancos

4 **espárragos** verdes · **azúcar**

3 **tomates**

4 **cebollas** tiernas

1 manojo de **roqueta**

200 g de **filetes de rape**

4 **vieiras** (sólo el músculo)

Para la vinagreta:

½ cucharadita de **mostaza al**

estragón

sal · pimienta recién molida

1 cucharadita de **vinagre al estragón**

2 cucharadas de **vinagre de vino**

2 cucharadas de **fumet de pescado**

4 cucharadas de **aceite de oliva**

1 cucharada de **aceite de nueces**

Preparación
PARA 4 PERSONAS

1 Aplane los filetes de lenguado entre 2 láminas de película de
plástico. Lave las hojas de espinaca, escáldelas, enjuáguelas y
déjelas escurrir. Frote los filetes de lenguado con sal y pimienta
y cúbralos con las espinacas. Enrolle los filetes, tápelos y déjelos
enfriar en el congelador unos 15 minutos.

2 Pele los espárragos blancos por completo, y únicamente el tercio
inferior de los verdes. Caliente un poco de agua con sal y azúcar.
Hierva los espárragos blancos unos 20 minutos, y los verdes unos
10 minutos.

3 Escalde los tomates, pélelos, córtelos por la mitad, elimine
todas las semillas y divídalos en dados pequeños. Prepare y
lave las cebollas tiernas y córtelas en rodajas finas. Prepare, lave
y seque la roqueta.

4 Corte el filete de rape en filetes finos, sálelo y colóquelo en un
cestillo para cocer al vapor. Cuézalos en una cacerola tapada
de 3 a 4 minutos.

5 Corte los rollitos de lenguado en espirales de 0,5 cm de
grosor. Saque los filetes de rape del cestillo para cocinar al
vapor. Cueza al vapor los rollitos de lenguado y después las
vieiras de 2 a 4 minutos.

6 Cubra el fondo de 4 platos con la roqueta. Trocee los espárragos
y repártalos en los platos, al igual que las cebollas, el pescado y
las vieiras. Mezcle los ingredientes de la vinagreta y viértala
sobre la ensalada. Sírvala adornada con los dados de tomate

Ensalada de marisco
gratinada con queso

La combinación de marisco fresco y hortalizas es original, y la ensalada aún será más refinada gracias al sabor del queso derretido.

Ingredientes

150 g de **mejillones** (abiertos al vapor y desconchados)

150 g de **gambas** (peladas y descabezadas, listas para cocinar)

1 cucharada de **zumo de limón**

1 cucharada de **salsa de soja** clara

1 **escalonia** · 1 **zanahoria**

2 tallos de **apio**

1 cucharada de **mantequilla**

1 **diente de ajo**

sal · **pimienta** recién molida

125 g de **tirabeques**

8 **tomates cereza**

unas ramas de **eneldo**

1 **huevo duro**

150 g de **crema acidificada** o crema de leche espesa

70 g de **queso gruyère** recién rallado

grasa para el molde

unos tallos de **cebollino**

Preparación
PARA 4 PERSONAS

1 Macere los mejillones y las gambas en una mezcla de zumo de limón y salsa de soja unos 30 minutos.

2 Pele la escalonia y píquela finamente. Pele la zanahoria y córtela al bies en rodajas finas. Prepare y lave el apio y córtelo en rodajas delgadas.

3 Caliente la mantequilla en una sartén. Sofría la escalonia hasta que esté transparente; pele el ajo, aplástelo y añádalo. Agregue las zanahorias y el apio y sofría la mezcla unos 5 minutos.

4 Añada un poco de agua y sazone con sal y pimienta. Pase las hortalizas por un colador y recoja el fondo de cocción.

5 Prepare los tirabeques y escáldelos brevemente en agua salada. Escúrralos. Lave y corte los tomates por la mitad y elimine los pedúnculos. Lave y sacuda el eneldo y píquelo finamente. Pele el huevo y píquelo en dados pequeños.

6 Mezcle la crema acidificada con el queso, el eneldo, el huevo y el fondo de cocción de las verduras y sazone con sal y pimienta. Precaliente el horno a 180 °C.

7 Mezcle las hortalizas, los tirabeques y los tomates con los mejillones y las gambas marinados y vierta la mezcla en una fuente refractaria previamente engrasada. Distribuya la salsa de queso por encima. Hornee el conjunto en el centro del horno unos 20 minutos, hasta que la superficie esté dorada. Adórnelo con los tallos de cebollino.

Ensalada de mejillones
con brotes y aguacate

Preparación
PARA 4 PERSONAS

1 Escalde los tomates, pélelos, córtelos por la mitad y elimine las semillas. Pele las escalonias y píquelas finamente. Lave bien los brotes.

2 Corte el aguacate por la mitad a lo largo, pélelo, deshuéselo y trocee la carne.

3 Mezcle los ingredientes para la vinagreta. Aliñe los tomates, las escalonias, el aguacate y los brotes con la vinagreta.

4 Prepare y lave los mejillones. Tire aquellos que estén abiertos. Cueza los mejillones en el fumet de pescado hasta que se abran. Descarte los que no se hayan abierto.

5 Separe la carne de las conchas y mezcle los mejillones con el resto de la ensalada. Adorne la ensalada con ramitas de eneldo, si lo desea.

34

Ingredientes

2 **tomates** · 2 **escalonias**

120 g de **brotes** variados

(por ejemplo, judías mungo, soja o trigo)

1 **aguacate** pequeño

Para la vinagreta:

2 cucharadas de **vinagre de vino blanco**

1 cucharadita de **vinagre balsámico**

sal · **pimienta** recién molida

3 cucharadas de **aceite de oliva**

1 cucharada de **aceite de pepitas de calabaza**

Además:

1 kg de **mejillones**

¼ l de **fumet de pescado**

Ingredientes

2 **pimientos** dulces amarillos

1 **cebolla**

50 g de **aceitunas negras**

1-2 **dientes de ajo**

6 cucharadas de **aceite de oliva**

2 cucharadas de **vinagre de vino blanco**

1 cucharadita de **mostaza** picante

sal

pimienta recién molida

250 g de **anillas de calamar**

zumo de ½ **limón**

1 cucharada de hojas de **orégano** frescas

Ensalada de calamares
con pimientos y aceitunas

Preparación
PARA 4 PERSONAS

1 Corte los pimientos por la mitad, elimine las semillas y las membranas y lávelos. Corte ambas mitades y la cebolla pelada en tiras muy finas. Deshuese las aceitunas.

2 Pele el ajo y píquelo finamente. Prepare una vinagreta en un cuenco con 4 cucharadas de aceite, el vinagre, la mostaza, sal y pimienta. Agregue las hortalizas y mezcle el conjunto.

3 Lave las anillas de calamar y séquelas. Caliente el aceite restante y fría las anillas de calamar. Sale, rocíe con el zumo de limón, tape y deje rehogar brevemente.

4 Mezcle con cuidado las anillas de calamar con la ensalada preparada. Decórela con las hojas de orégano y déjela reposar 30 minutos como mínimo antes de servirla.

Ensalada de cangrejo
sobre un lecho de tomate

Aquí no sólo preparará una deliciosa ensalada de cangrejo,
sino que además la dispondrá artísticamente sobre el plato.

Ingredientes

2 cucharadas de **aceite de oliva**

1 cucharada de **vinagre de vino blanco**

1 cucharadita de **mostaza de Dijon**

½ manojo de **cebollinos**

200 g de **carne de cangrejo**

sal

pimienta recién molida

1 cucharada de **salsa de soja**

2 **tomates** maduros

unas hojas de **lechuga**

Preparación
PARA 4 PERSONAS

1 Prepare la vinagreta en un cuenco con el aceite, el vinagre y la mostaza. Lave el cebollino, séquelo y córtelo con unas tijeras.

2 Pique dos terceras partes de la carne de cangrejo, mézclela con el cebollino y la mitad de la vinagreta y sazónela con sal y pimienta.

3 Pique el tercio restante de la carne de cangrejo, sazónelo con la salsa de soja y, si es necesario, con sal y pimienta.

4 Lave los tomates, córtelos en rodajas finas y elimine los pedúnculos. Reparta las rodajas de tomate en 4 platos.

5 Coloque sobre cada plato un círculo metálico o cortapastas y rellénelo parcialmente con la mezcla de vinagreta-carne de cangrejo. Ponga encima una capa más fina de la mezcla de salsa de soja-carne de cangrejo y levante el círculo con cuidado.

6 Mezcle las hojas de lechuga con la vinagreta restante y distribúyalas sobre la torre de cangrejo. Si lo desea, adórnelo todo con hierbas y rodajas de limón.

Vieiras
con pomelo rosa

El corazón del gastrónomo se alegra: la combinación de una verdura
poco común con las vieiras es una mezcla afortunada.

Ingredientes

100 g de **barrilla** o hierba de

hielo o espárragos verdes

sal

1 **pomelo rosa**

24 **vieiras** (sin sus conchas)

pimienta recién molida

2 cucharadas de **mantequilla**

Preparación
PARA 2 PERSONAS

1 Lave la barrilla (o pele el tercio inferior de los espárragos, si los
utiliza) y hiérvala en agua salada. Sáquela con la espumadera y
enjuáguela con agua fría.

2 Pele el pomelo y elimine totalmente las membranas blancas. Corte
la carne en gajos y recoja el zumo que se desprenda.

3 Sazone las vieiras con sal y pimienta. Caliente 1 cucharada de
mantequilla en una sartén y dore las vieiras. Añada el zumo del
pomelo y déjelo reducir. Reserve las vieiras al calor con su fondo
de cocción.

4 Caliente la mantequilla restante en la sartén. Sofría la barrilla
o los espárragos en la mantequilla caliente y sazone con sal y
pimienta.

5 Distribuya las vieiras con los gajos de pomelo y la verdura sobre
los platos.

**La barrilla se vende a veces como alga
marina, pero en botánica se considera
una verdura. Se recoge en la costa del
noroeste de Europa y es difícil de
encontrar en los comercios.**

Trucha asalmonada
marinada con eneldo y cilantro

Preparación

1 Lave brevemente los filetes de trucha asalmonada bajo un chorro de agua fría.

2 Triture en un mortero la sal, el azúcar, el cilantro y los granos de pimienta. Lave el eneldo, séquelo y píquelo finamente.

3 Coloque los filetes de trucha con la piel hacia abajo en una fuente grande de paredes bajas.

4 Reparta la mezcla de sal y el eneldo picado sobre el pescado y rocíelo con un poco de coñac.

5 Coloque un filete sobre el otro de forma que las pieles queden hacia afuera. Tápelos con película de plástico, ponga encima una tabla y coloque un peso sobre ésta. Deje marinar en la nevera de 2 a 3 días. Para servir, corte la trucha a lonchas lo más finas posible.

Ingredientes

2 filetes de 1 **trucha** asalmonada

(1,2 kg aproximadamente)

2 cucharadas de **sal marina** gruesa

1 cucharada de **azúcar**

½ cucharadita de **semillas de cilantro**

1 cucharadita de granos de **pimienta blanca**

1 manojo pequeño de **eneldo**

2 cl de **coñac**

Ingredientes

½ manojo de **eneldo**

2 **limones**

6 cucharadas de **aceite de oliva**

sal

pimienta recién molida

700 g de **caballa ahumada**

1 **cebolla**

Pescado ahumado
con aros de cebolla

Preparación
PARA 4 PERSONAS

1 Lave el eneldo, séquelo y píquelo finamente. Corte por la mitad y exprima uno de los limones; lave el otro con agua caliente y córtelo en gajos.

2 Mezcle el zumo de limón, 5 cucharadas de aceite de oliva, la sal, la pimienta y el eneldo picado para la marinada. Corte la caballa en tiras alargadas y colóquelas en la marinada. Déjelas tapadas en la nevera unos 30 minutos.

3 Mientras tanto, pele la cebolla y córtela en rodajas finas. Caliente el aceite restante en una sartén y rehogue la cebolla hasta que esté transparente. Añádala a la marinada.

4 Sirva los trozos de caballa cubiertos con la cebolla y la marinada. Acompáñelos con los gajos de limón y pan, si así lo desea.

Sopa de tomate
con langostas

La mejor combinación: la tierna carne de langosta convierte una sopa de tomate en un plato suculento y refinado.

Ingredientes

2 langostas (de 500 g cada una)

sal · comino molido

400 g de tomates maduros

1 cebolla · 2 zanahorias

180 g de apio nabo

2 cucharadas de aceite de oliva

3 cucharadas de vino blanco

1 l de caldo de verduras

1 hoja de laurel

1 rama de tomillo

pimienta de Cayena

¼ de puerro

1 calabacín

aceite para freír

Preparación

PARA 4 PERSONAS

1 Lave las langostas y déjelas escurrir. Hiérvalas con agua salada y una pizca de comino durante 2 minutos. Retire el recipiente del fuego y deje reposar las langostas en el líquido de cocción unos 12 minutos más.

2 Saque las langostas del agua. Ábralas con unas tijeras de cocina por la parte ventral y extraiga la carne de la cola. Retire las partes blandas de los caparazones, lávelos, córtelos con las tijeras y séquelos. Elimine el conducto intestinal de la cola y córtela en trozos del tamaño de un bocado.

3 Escalde los tomates, pélelos, córtelos por la mitad y elimine las semillas. Triture la mitad de los tomates y corte el resto en dados.

4 Pele la cebolla, 1 zanahoria y 100 g de apio nabo y córtelos en trozos pequeños. Caliente el aceite en una cazuela y tueste los caparazones. Añada las cebollas, las zanahorias y el apio nabo y sofríalos ligeramente. Vierta el vino blanco y el caldo.

5 Agregue los tomates triturados, la hoja de laurel y la rama de tomillo, sazone con pimienta de Cayena y déjelo hervir unos 20 minutos. Cuele la preparación a través de un tamiz.

6 Pele el apio nabo y la zanahoria restante. Lave el puerro y el calabacín. Corte todas las hortalizas en tiras finas. Fríalas por tandas en aceite caliente y déjelas escurrir.

7 Añada la carne de langosta y los cubos de tomate a la sopa y caliéntelos muy poco tiempo. Distribuya la preparación en platos soperos precalentados y adórnelos con las tiras de hortalizas.

Bullabesa
con rouille

Esta sopa clásica de pescado se presenta con innumerables variantes:
la original se acompaña con una aromática mayonesa al ajo.

Ingredientes

400 g de filetes de **pescado**

variados (por ejemplo, salmonete,

dorada, rape)

3 **dientes de ajo**

3 ramas de **tomillo**

180 ml de **aceite de oliva**

300 g de **almejas** · **sal**

½ **puerro** pequeño

1 **apio** pequeño

½ **hinojo**

80 g de **champiñones**

1 cucharadita de **Pernod**

3 cucharadas de **vino blanco**

¾ l de **fumet de pescado**

1 sobre de **azafrán**

1 **guindilla roja** · 1 **patata** hervida

1 cucharadita de **mostaza de Dijon**

1 **yema de huevo**

pimienta recién molida

Preparación
PARA 4 PERSONAS

1 Corte los filetes de pescado en dados del tamaño de un bocado. Pele un diente de ajo y píquelo finamente. Añádalo al pescado junto con las ramitas de tomillo y una cucharada de aceite, y déjelo marinar tapado durante 30 minutos.

2 Lave las almejas a fondo y elimine las que están abiertas. Hiérvalas en un poco de agua salada hasta que se abran. Retire las que no se hayan abierto. Déjelas escurrir en un colador y separe la carne de las conchas.

3 Limpie y lave el puerro, el apio y el hinojo. Limpie los champiñones con papel de cocina. Corte las hortalizas en trozos pequeños. Caliente 2 cucharadas de aceite en una sartén y sofría el hinojo y el apio y añada, un poco más tarde, los champiñones y el apio. Vierta el Pernod, el vino blanco y el fumet de pescado y deje hervir las hortalizas hasta que estén al dente.

4 Agregue el azafrán (con la excepción de 3 o 4 hebras que debe reservar para la rouille) y los trozos de pescado marinados, y déjelo hervir unos 3 minutos. Incluya las almejas y caliéntelas brevemente.

5 Para la rouille, corte la guindilla por la mitad, elimine las semillas y lávela. Escáldela en agua salada, enjuáguela y pélela. Pele el ajo restante y la patata y aplástelos. Añádales la guindilla, el azafrán, la mostaza, la yema de huevo, la sal y la pimienta y amalgame la mezcla. Agréguele el aceite restante poco a poco y mezcle hasta formar una salsa cremosa. Unte la rouille sobre rebanadas de pan blanco y sírvalas con la sopa.

Sopa de cangrejo
al estilo americano

Un éxito para los amigos de la cocina americana: la sopa cremosa
de cangrejo es una especialidad muy apreciada de la costa este.

Ingredientes

800 g de **carne de cangrejo**

(enlatada)

70 g de **tocino** ahumado

entreverado

1 **cebolla** pequeña

2 **patatas** medianas

$1/8$ l de **fumet de pescado**

100 ml de **leche**

100 g de **crema de leche**

2 cucharadas de **mantequilla**

sal · **pimienta** recién molida

2 cucharadas de **perejil** picado

Preparación
PARA 4 PERSONAS

1 Corte la carne de cangrejo en tiras. Corte el tocino en dados pequeños. Pele la cebolla y píquela finamente. Pele las patatas y córtelas en dados pequeños.

2 Ponga los dados de tocino en una sartén a fuego vivo y fríalos unos 3 minutos. Añada la cebolla y sofríala a fuego medio durante 5 minutos.

3 Añada el fumet de pescado y $1/2$ l de agua. Agregue los dados de patata y deje hervir el conjunto. Reduzca el calor y hierva la sopa 15 minutos o hasta que las patatas estén blandas.

4 Incorpore la carne de cangrejo junto con la leche, la crema de leche y la mantequilla. Sazone la sopa con sal y pimienta y déjela cocer 1 minuto más a fuego medio.

5 Espolvoree la sopa con el perejil. Sirva la sopa de cangrejo acompañada de pan blanco o panecillos frescos.

La sopa sabrá mejor si utiliza cangrejos o bueyes de mar frescos. Otra opción igualmente válida consiste en recurrir a la carne enlatada.

Sopa de pescado
a la española con pimiento y patata

Preparación
PARA 4 PERSONAS

1 Limpie los recortes de pescado bajo el chorro de agua fría.

2 Pele los dientes de ajo. Ponga a hervir los recortes de pescado con 1 diente de ajo, tomillo, 1 guindilla y 1 ½ l de agua. Sálelo y déjelo hervir durante 20 minutos. Pase el caldo por un colador.

3 Pele las cebollas, corte los pimientos por la mitad a lo largo y retire las semillas; haga lo mismo con la segunda guindilla.

4 Corte las cebollas y los pimientos en tiras. Pique la guindilla y los dientes de ajo restantes. Pele las patatas y córtelas en rodajas finas.

5 Caliente el aceite y sofría de 8 a 10 minutos las hortalizas. Añada los tomates groseramente picados y sazone con sal, pimienta y azafrán. Sazone con sal y pimienta los filetes de pescado. Ponga las hortalizas, el pescado y las gambas en una cazuela, cúbralos con el caldo y deje hervir con el recipiente tapado durante 20 minutos.

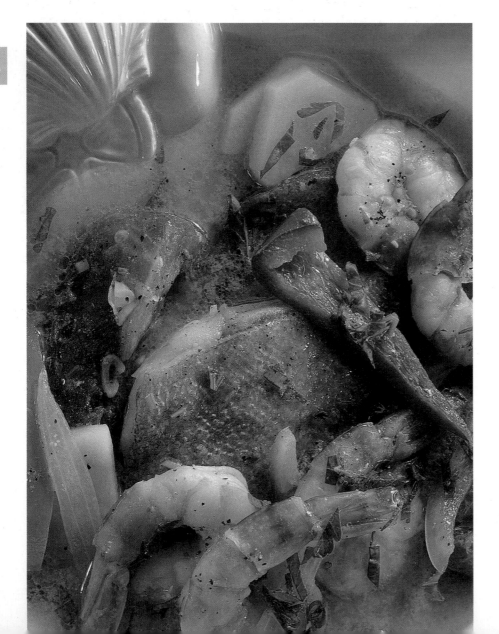

Ingredientes

1 kg aproximadamente de recortes de **pescado** (sin agallas)

3 **dientes de ajo** · 1 rama de **tomillo**

2 **guindillas rojas** · **sal** · 2 **cebollas**

1 **pimiento verde** y otro **rojo**

500 g de **patatas**

4 cucharadas de **aceite de oliva**

2 **tomates** pelados · **pimienta** recién molida

1 pizca de **azafrán** molido

700 g de filetes de **pescado de mar** variados

100 g de **gambas** (peladas y descabezadas, listas para cocinar)

2 cucharadas de **perejil** picado

Ingredientes

Para el fondo de cocción:

1,2 kg de recortes de **pescado** (por
ejemplo, merluza, lubina, lenguado)

1 manojo de **hortalizas** para el caldo

4 cucharadas de **mantequilla**

1 rama de **tomillo**

6 granos de **pimienta blanca** · **sal**

½ l de **vino blanco** seco

Para adornar:

4 **ostras** · 2 **tomates**

1 cucharada de **Noilly Prat**
u otro vermut blanco

unas hojas de **albahaca**

Sopa de ostras
y tomates

Preparación
PARA 4 PERSONAS

1 Prepare un fumet de pescado con los ingredientes reseñados y 1 l de agua.

2 Lave las ostras bajo un chorro de agua fría. Sujete las ostras en la mano con la parte redondeada hacia abajo. Introduzca la punta de un cuchillo para ostras en la pequeña abertura de la charnela y córtela. Pase el cuchillo por todo el borde de la concha superior y corte el músculo que las une. Levante la concha superior.

2 Corte el músculo que une la ostra a la concha y sepárelas.

3 Escalde los tomates, pélelos, córtelos por la mitad, elimine las semillas y córtelos en dados pequeños. Deje cocer la carne de las ostras y los dados de tomate en el caldo de pescado de 3 a 4 minutos.

5 Sazone la sopa con el Noilly Prat y sírvala espolvoreada con las tiras de albahaca.

Crema de puerro
con trucha ahumada

El secreto estriba en la combinación: los filetes de trucha ahumada confieren a esta crema de puerro un toque refinado.

Ingredientes

1 cebolla · 1 zanahoria

1 **raíz de perejil** pequeña o un trozo de apio nabo

1 **puerro** grande

1 cucharada de **mantequilla**

1 cucharada de **harina**

¼ l de **caldo vegetal**

⅛ l de **vino blanco**

4 cucharadas de **crema acidificada**

sal · **pimienta** recién molida

1 cucharadita de **nuez moscada** rallada

4 filetes de **trucha ahumada**

1 cucharada de **eneldo** picado

Preparación
PARA 4 PERSONAS

1 Pele y pique la cebolla. Lave a fondo la zanahoria y la raíz de perejil, pélelas y córtelas en dados. Lave también el puerro, córtelo a lo largo, límpielo y córtelo en tiras.

2 Caliente la mantequilla en una cacerola y sofría la raíz de perejil, la cebolla y la zanahoria a fuego moderado durante 3 minutos. Espolvoréelo con la harina y mézclelo bien. Añada entonces el caldo vegetal junto con ⅛ l de agua y llévelo rápidamente a ebullición.

3 Añada las tiras de puerro y deje cocer la sopa a fuego lento durante 10 minutos o hasta que las hortalizas estén tiernas. Tritúrela con la batidora eléctrica y pásela a través de un tamiz fino.

4 Añádale el vino y déjela hervir 2 minutos más. Retire la sopa del fuego y añádale la crema y sazone con sal, pimienta y nuez moscada. Bata la sopa ligeramente con la batidora.

5 Trocee los filetes de trucha y distribúyalos sobre los platos. Vierta encima la sopa y adorne el plato con eneldo.

Esta receta admite ligeras variaciones: puede preparar una crema de apio y combinarla con el mismo pescado. Sustituya entonces el eneldo por perejil.

Guisos y salteados

Filetes de solla
con salsa de puerro y naranja

Una **delicada** combinación: se prepara en un abrir y cerrar
de ojos y gracias a sus **refinados** ingredientes es un placer para el paladar.

Ingredientes

4 filetes de **solla** o lenguado

sal · pimienta recién molida

1 cucharada de **zumo de limón**

2 cucharadas de **raiforte**

(en conserva)

2 **naranjas**

1 **puerro**

1 **guindilla roja**

1 cucharada de **aceite**

$\frac{1}{8}$ l de **caldo vegetal**

3 cucharadas de **crema acidificada**

1 cucharada de **almendras**

fileteadas

Preparación
PARA 4 PERSONAS

1 Sazone los filetes de pescado con sal y pimienta y rocíelos con el zumo de limón. Úntelos por una cara con el raiforte.

2 Pele las naranjas y extraiga también la membrana blanca. Corte las naranjas en rodajas y trocéelas o córtelas por la mitad.

3 Corte la parte blanca del puerro en rodajas gruesas.

4 Parta la guindilla por la mitad, elimine las semillas, lávela y córtela en aros finos. Caliente el aceite en una sartén y sofría el puerro y la guindilla. Vierta el caldo vegetal y llévelo rápidamente a ebullición.

5 Agregue los filetes de pescado y déjelos cocer a fuego lento unos 3 minutos. Sáquelos de la sartén y resérvelos al calor.

6 Añada la crema acidificada al caldo, sazone con sal y pimienta y déjelo hervir brevemente. Incorpore los filetes de pescado y los trozos de naranja y deje que se calienten. Reparta la preparación en los platos y decórelo con las almendras fileteadas y el eneldo, si lo desea.

Pez de san Pedro
a la mantequilla de pimentón

Un pescado delicado que se sirve acompañado de
rodajas fritas de hortalizas crujientes.

Ingredientes

1 escalonia · 2 pimientos rojos · sal

6 cucharadas de **aceite de oliva**

1 **diente de ajo**

1 cucharadita de **hojitas de**

tomillo frescas

⅛ l de **vino blanco seco**

150 ml de **fumet de pescado**

1 **berenjena** pequeña

2 **calabacines** pequeños

pimienta recién molida · **harina**

1 **pez** de san Pedro

(aproximadamente 1,4 kg,

fileteado y desespinado)

2 cucharadas de **mantequilla**

4 cucharadas de **mantequilla** fría

unas hojas del **albahaca**

Preparación
PARA 4 PERSONAS

1 Pele la escalonia y píquela finamente. Escalde los pimientos en agua salada, pélelos, elimine las semillas y córtelos en dados finos.

2 Sofría las escalonias en 2 cucharadas de aceite hasta que estén transparentes y agrégueles el ajo pelado y picado. Añada los dados de pimiento y las hojas de tomillo y sofría brevemente sin dejar de remover. Vierta el vino y el fumet de pescado y déjelo hervir unos 8 minutos.

3 Lave la berenjena y los calabacines, córtelos en rodajas muy finas y sazónelas con sal y perejil. Enharínelas y fríalas por tandas en el aceite caliente. Déjelas escurrir sobre papel de cocina.

4 Sazone los filetes de pescado con sal y pimienta y fríalos poco tiempo y con cuidado en la mantequilla caliente sin dejar que se doren.

5 Triture la salsa de pimiento con la batidora de varillas y pásela por un tamiz. Añádale la mantequilla bien fría cortada en trozos pequeños. Mezcle la salsa con las hojas de albahaca finamente cortadas y sazone con sal y pimienta. Distribuya el pescado en los platos. Vierta la salsa y cúbralos con las rodajas fritas de hortalizas.

Este plato ganará en sabor si antes de servirlo fríe unas hojas de albahaca con aceite de oliva muy caliente y decora con ellas el pescado.

Mejillones
con salsa de tomate

Éste es el sabor del sur: los mejillones, con su aromática salsa
de tomate, despiertan nuestros recuerdos veraniegos de sol y mar.

Ingredientes

500 g de **tomates** maduros

4 **dientes de ajo**

1 manojo de **albahaca**

sal

pimienta recién molida

5 cucharadas de **aceite de oliva**

1 kg de **mejillones**

Preparación
PARA 4 PERSONAS

1 Lave los tomates, escáldelos, pélelos, córtelos por la mitad,
elimine las semillas y córtelos en dados pequeños.

2 Pele los dientes de ajo y píquelos finamente. Lave la albahaca,
séquela y píquela también en trozos finos.

3 Aplaste ligeramente en un mortero (o con un tenedor) los
tomates, el ajo, la sal y la pimienta. Añada el aceite y mezcle bien.

4 Lave los mejillones bajo un chorro de agua fría, elimine los que
están abiertos. Póngalos en una cacerola, tápelos y déjelos cocer
al vapor de 2 a 4 minutos o hasta que se abran. Déjelos escurrir
en un colador. Retire los mejillones que no se hayan abierto.

5 Reparta los mejillones en los platos y cúbralos con la salsa de
tomate y albahaca. Sírvalos con pan fresco.

**Puede dar un toque picante a la salsa
de tomate si le añade una guindilla roja
cortada en tiras finas.**

Atún
con puerros

Preparación
PARA 4 PERSONAS

1 Lave el atún, séquelo bien, sazone con sal y pimienta y rocíelo por ambas caras con el zumo de limón.

2 Limpie y lave los puerros y córtelos en rodajas finas. Caliente la mantequilla en una sartén y sofría los aros de puerro hasta que estén dorados. Añada el vino y la crema acidificada y sazone con sal, pimienta y nuez moscada.

3 Deje rehogar los puerros tapados durante 10 minutos a fuego medio.

4 Ponga los filetes de atún sobre los puerros y prosiga la cocción 15 minutos más. Tápelos y déjelos reposar.

5 Reparta el pescado y los puerros en los platos. Decórelos con las hojas de menta.

Ingredientes

4 **filetes de atún**

sal

pimienta recién molida

zumo de ½ **limón**

la parte blanca de 2 **puerros** gruesos

4 cucharadas de **mantequilla**

100 ml de **vino blanco semiseco**

100 g de **crema acidificada**

nuez moscada recién rallada

unas hojas de **menta**

Ingredientes

800 g de **filetes de gallineta**

sal

pimienta recién molida

zumo de ½ **limón**

500 g de **judías** amarillas francesas

o verdes finas

3 cucharadas de **aceite de oliva**

3 cucharadas de **escalonia** picada

½ cucharadita de **semillas de hinojo**

1 rama de **ajedrea**

¼ l de **fumet de pescado**

Gallineta
sobre un lecho de judías

Preparación
PARA 4 PERSONAS

1 Lave los filetes de pescado, séquelos y córtelos en trozos del tamaño de un bocado. Sazónelos con sal y pimienta y rocíelos con el zumo de limón. Lave las judías y, si es posible, elimine los filamentos.

2 Caliente el aceite en una sartén grande y sofría la escalonia hasta que esté transparente. Añada las semillas de hinojo, la ajedrea y las judías.

3 Sazone con sal y pimienta, añada el fumet de pescado y deje rehogar unos 15 minutos a fuego medio.

4 Coloque el pescado sobre las judías y prosiga la cocción 15 minutos a fuego lento. Reparta la gallineta y las judías en cuatro platos y, si lo desea, decórelos con perejil.

Filete de rodaballo
con picadillo de aceitunas

Destaca entre los platos de pescado mediterráneos:
las aceitunas imparten al delicado pescado un intenso aroma.

Ingredientes

2 filetes de rodaballo

(cada uno de 180 g)

sal · pimienta recién molida

unas 3 cucharadas de zumo de limón

400 g de juliana de hortalizas

(zanahorias, pimiento y calabacín

cortados a tiras finas)

3 cucharadas de aceite de oliva

50 ml de caldo de hortalizas

60 g de aceitunas verdes y negras

1 cucharada de hojitas de tomillo

2 cucharadas de mantequilla

Preparación
PARA 2 PERSONAS

1 Sazone los filetes de pescado con sal y pimienta y rocíe ambas caras con el zumo de limón.

2 Sofría la juliana de hortalizas con 2 cucharadas de aceite de oliva y sazónela con sal y pimienta. Añada el caldo de hortalizas y deje rehogar el conjunto unos 5 minutos.

3 Para preparar el picadillo, deshuese las aceitunas y píquelas finamente. Mézclelas con el aceite restante y las hojitas de tomillo y sazónelas con zumo de limón, sal y pimienta.

4 Caliente la mantequilla en una sartén y cueza los filetes de pescado a fuego lento unos 5 minutos; déles la vuelta una sola vez.

5 Distribuya las hortalizas rehogadas sobre los platos, coloque encima los filetes de pescado y adórnelos con la mezcla de aceitunas.

La carne de este pescado excelente es suave y sabrosa, aunque su precio no resulta especialmente económico.

Calamares rehogados
con vino blanco y tomates

Preparación
PARA 4 PERSONAS

1 Prepare los calamares. Para ello, arranque la cabeza y las patas del cuerpo. Separe los tentáculos y elimine el pico. Saque la pluma transparente que se encuentra dentro de la bolsa y pele la piel. Lave los tentáculos y la bolsa con agua fría y córtela en anillos. Rocíelos con zumo de limón y déjelos marinar en la nevera durante 1 hora.

2 Escalde los tomates, pélelos, córtelos por la mitad, elimine las semillas y córtelos en dados. Pele las escalonias y el ajo y píquelos finamente.

3 Lave la albahaca, séquela y píquela finamente. Caliente el aceite en una cazuela y sofría las escalonias hasta que estén transparentes. Añada los tomates, el azúcar, el ajo, la albahaca y el vino blanco.

4 Incorpore los calamares marinados y déjelos rehogar con el recipiente tapado y a fuego lento unos 40 minutos. Finalmente, sazónelos con sal y pimienta y sírvalos adornados con perejil, si lo desea.

Ingredientes

De 4 a 6 **calamares** (según el tamaño)

zumo de 1 limón

4 **tomates**

4 **escalonias**

1 **diente de ajo**

½ manojo de **albahaca**

5 cucharadas de **aceite de oliva**

1 pizca de **azúcar**

⅛ l de **vino blanco seco**

sal

pimienta recién molida

Ingredientes

1 **berenjena**

2 **calabacines**

1 **pimiento rojo** y 1 **amarillo**

1 **cebolla** grande

1 **diente de ajo**

5 cucharadas de **aceite de oliva**

sal · pimienta recién molida

1 cucharada de **hierbas de Provenza**

⅛ l de **tomate** triturado

⅛ l de **vino rosado**

800 g de **rape**

1 rama de **romero**

Rape
al pisto

Preparación
PARA 4 PERSONAS

1 Limpie y lave la berenjena y los calabacines y córtelos en dados de 0,5 cm. Corte los pimientos longitudinalmente, elimine las semillas y lávelos. Pele la cebolla y píquela en dados pequeños. Pele el ajo y píquelo también de modo que quede fino.

2 Caliente el aceite en una cazuela y dore las hortalizas. Los dados de berenjena y de calabacín tan sólo deben dorarse ligeramente.

3 Sazone las hortalizas con sal, pimienta y las hierbas. Añada el tomate triturado y el vino y prosiga la cocción unos 5 minutos a fuego medio.

4 Separe los filetes de rape de la espina dorsal y trocéelos. Sazónelos con sal y pimienta y distribúyalos sobre las hortalizas junto con el romero. Deje rehogar con el recipiente tapado 5 minutos. Retire la rama de romero y sirva el pescado y el pisto en la cazuela.

Filetes de salmón
con salsa de uvas Riesling

Un buen pescado debe nadar: la salsa aromática convierte esta exquisita creación en un ligero deleite veraniego.

Ingredientes

4 filetes de salmón

(de 160 g cada uno)

sal · pimienta recién molida

zumo de 1 limón

2 cebollas rojas · 2 puerros

400 ml de riesling u otro vino

blanco seco y afrutado

2 hojas de laurel

algunos granos de pimienta

300 g de uvas blancas

400 g de tallarines anchos

2 cucharadas de mantequilla

3 cucharadas de crema acidificada

Preparación

PARA 4 PERSONAS

1 Sazone los filetes de salmón con sal y pimienta y rocíelos con el zumo de limón. Pele las cebollas. Corte 1 ½ en dados pequeños y el resto en gajos finos. Prepare y lave los puerros. Corte la parte blanca del puerro en tiras finas y la verde en rodajas delgadas.

2 Lleve el vino a ebullición, agréguele los dados de cebolla, los anillos de puerro, las hojas de laurel y los granos de pimienta, y déjelo reducir a la mitad. Tamice la preparación y resérvela.

3 Ponga a hervir abundante agua salada y hierva la pasta según las instrucciones del envoltorio hasta que esté al dente.

4 Mientras tanto, corte las uvas por la mitad, retire las semillas y, en caso de que la piel sea dura, pélelas. Derrita la mantequilla en una sartén y fría los filetes de salmón unos 5 minutos por ambas caras. Sáquelos de la sartén y resérvelos al calor.

5 Cueza las tiras blancas de puerro y los gajos de cebolla en el caldo de vino unos minutos. Añada, mientras remueve, la crema acidificada y vuelva a sazonar con sal y pimienta. Incorpore las uvas y deje que se calienten.

6 Escurra la pasta con un colador. Sírvala junto al salmón, las hortalizas y la salsa, y adórnelo todo con el perejil.

Tallarines
con rape

Preparación
PARA 4 PERSONAS

1 Deje reducir el fumet de pescado y la crema en un cazo pequeño a fuego vivo. Lave el cebollino, séquelo y córtelo en trozos pequeños.

2 Cueza los tallarines siguiendo las instrucciones del envoltorio en abundante agua salada, hasta que estén al dente. Escúrralos con un colador.

3 Mientras tanto, corte el filete de rape en trozos del tamaño de un bocado. Fríalos en una sartén con el aceite caliente y a fuego moderado de 4 a 5 minutos.

4 Mezcle el cebollino con la salsa y sazónela con sal y pimienta. Vierta los tallarines en una fuente, distribuya la salsa y el pescado sobre la pasta y mezcle con cuidado.

Ingredientes

200 ml de **fumet de pescado**

200 g de **crema de leche**

1 manojo de **cebollinos**

400 g de **tallarines**

sal

400 g de **filetes de rape**

3 cucharadas de **aceite**

pimienta recién molida

Ingredientes

250 g de **guisantes** (congelados)

3 **cebollas** tiernas

sal · 500 g de **arroz**

250 g de **filetes de pechuga de pollo**

1 cucharadita de **curry**

pimienta recién molida

5 cucharadas de **aceite de oliva**

300 g de **gambas** (peladas y descabezadas, listas para cocinar)

Arroz con guisantes,
gambas y pollo

Preparación
PARA 4 PERSONAS

1 Hierva los guisantes en agua salada 5 minutos, déjelos escurrir en un colador. Prepare y lave las cebollas tiernas y córtelas en rodajas.

2 Prepare el arroz de acuerdo con las instrucciones del envoltorio.

3 Lave los filetes de pollo, séquelos con papel de cocina y córtelos en tiras. Sazónelos con el curry, la sal y la pimienta.

4 Caliente 3 cucharadas de aceite en una sartén y fría la carne hasta que esté dorada. Añada los guisantes y las cebollas tiernas y sofríalos unos 3 minutos a fuego moderado. Añada el arroz y prosiga la cocción 3 minutos más. Sazone con sal y pimienta.

5 Lave las gambas y séquelas. Fríalas a fuego vivo en una sartén con el aceite restante casi 1 minuto, dándoles la vuelta. Sírvalas sobre el arroz con guisantes.

Filetes de pargo
con fideos de hortalizas

Sabor a pescado con colores frescos: los espaguetis, las hortalizas de verano
y el pargo se combinan en una especialidad muy decorativa.

Ingredientes

2 zanahorias

1 calabacín

1 escalonia

50 g de espaguetis

sal

1 tomate grande

4 cucharadas de aceite de oliva

3 cucharadas de vinagre balsámico

pimienta recién molida

2 filetes de pargo pequeños

(con piel)

zumo de ½ limón

Preparación
PARA 2 PERSONAS

1 Pele la zanahoria y lave el calabacín. Corte las zanahorias y el calabacín con un cuchillo en tiras finas y largas semejantes a los espaguetis. Corte algunas tiras en dados muy pequeños (cerca de 2 cucharadas). Pele la escalonia y córtela en dados pequeños. Mezcle los dados de hortalizas.

2 Hierva los espaguetis en agua salada de acuerdo con las instrucciones del envoltorio hasta que estén al dente. Escúrralos con un colador y resérvelos.

3 Escalde el tomate, pélelo, cuartéelo y retire las semillas. Prepare el aliño con el aceite, el vinagre balsámico, la sal y la pimienta.

4 Sazone los filetes de pargo con sal y pimienta y rocíelos con zumo de limón. Coloque los fideos de hortalizas en el cestillo para cocer al vapor y distribuya los filetes de pescado encima. Deje que se cuezan al vapor sobre el agua hirviendo de 6 a 8 minutos y retírelos.

5 Mezcle los fideos de hortalizas con los espaguetis y añada sal y pimienta. Agregue parte del aderezo y prepare 2 rollos de pasta con la ayuda de un tenedor largo.

6 Coloque cada filete de pescado sobre $2/4$ de tomates y sitúe 1 rollo de pasta encima de cada uno. Decore el conjunto con los dados de hortalizas y rocíe con el resto del aliño.

Fritos y horneados

Trucha asalmonada
con tomates a la parrilla

Ideal para una cálida noche de verano: en este plato se unen
el inconfundible aroma a parrilla del pescado y los tomates perfumados.

Ingredientes

2 calabacines · 2 zanahorias

2 cebollas tiernas

sal

½ manojo de perejil

4 cucharadas de aceite vegetal

zumo de 1 limón

2 cucharadas de mostaza en grano

pimienta recién molida

4 filetes de trucha asalmonada

1 cucharada de aceite de oliva

500 g de tomates cereza

Preparación
PARA 4 PERSONAS

1 Prepare y lave los calabacines, las zanahorias y las cebollas tiernas. Pele las zanahorias, y corte los calabacines, las zanahorias y las cebollas en tiras finas longitudinales. Escáldelas brevemente en agua salada hirviendo, déjelas escurrir y que se enfríen. Precaliente la parrilla de carbón o eléctrica.

2 Lave el perejil, séquelo y píquelo finamente. Para el aliño, mezcle el aceite, el zumo de limón, el perejil picado, la mostaza en grano, sal y pimienta.

3 Corte los filetes de pescado por la mitad en sentido transversal, úntelos con un poco de aceite de oliva y sazónelos con sal y pimienta. Lave los tomates cereza, séquelos y pincélelos con un poco de aceite de oliva.

4 Coloque los filetes y los tomates sobre la parrilla y áselos hasta que los filetes estén cocidos y la piel de los tomates chamuscada.

5 Disponga los filetes de trucha junto con las hortalizas, rocíelos con el aliño y acompáñelos con los tomates asados.

Las hortalizas son muy decorativas, por ello es importante no limitarse a cortarlas. Para conseguir tiras finas, córtelas primero en lonchas finas y posteriormente en tiras.

Filetes de fletán
en papillote

La envoltura es la clave: la capa fina de papel protege la carne suave
del pescado del intenso calor y mantiene su delicado aroma.

Ingredientes

1 **puerro** pequeño

10 **aceitunas rellenas** de pimiento

2 **dientes de ajo**

8 ramas de **tomillo**

2 **limones**

2 cucharadas de **mostaza**

3 cucharadas de **aceite**

de girasol

sal

pimienta recién molida

2 **filetes de fletán**

grasa para la placa del horno

Preparación
PARA 2 PERSONAS

1 Precaliente la resistencia inferior del horno a 200 °C. Prepare el puerro, córtelo por la mitad a lo largo, lávelo y córtelo en trozos de 5 cm de longitud. Corte las aceitunas a rodajas. Pele y corte los dientes de ajo por la mitad.

2 Lave el tomillo, séquelo y arranque las hojas. Lave un limón con agua caliente y córtelo en gajos. Exprima el otro limón. Prepare una marinada con 2 cucharadas de zumo de limón, 2 cucharadas de aceite, sal y pimienta.

3 Prepare 4 hojas de papel sulfurizado (de 20 x 30 cm aproximadamente). Apile 2 de ellas y unte el centro con 1 cucharadita de aceite. Coloque encima las tiras de puerro y sazone con sal y pimienta. Coloque los filetes de fletán sobre el puerro y mójelos con la marinada. Agregue las aceitunas, el tomillo, los gajos de limón y el ajo.

4 Cierre los paquetes y sujételos con un bramante. Coloque los paquetes sobre la placa del horno engrasada, introdúzcala en el centro del horno y hornee 20 minutos. Sirva los papillotes abiertos.

Filetes de rodaballo
con gambas y setas

Pescado, rebozuelos, gambas y hortalizas: una deliciosa
idea con la que no sólo mimará a sus invitados.

Ingredientes

2 zanahorias · 2 cebollas

2 tallos de **apio**

100 g de **rebozuelos** frescos

3 **tomates**

2-3 ramas de **estragón**

2-3 ramas de **tomillo**

6 cucharadas de **aceite de oliva**

150 ml de **vino blanco seco**

1 cucharada de **mantequilla**

sal · pimienta recién molida

4 filetes de **rodaballo**

20 **gambas** (descabezadas

y peladas, listas para cocinar)

Preparación
PARA 4 PERSONAS

1 Pele las zanahorias y las cebollas. Prepare y lave el apio y arranque las hojas. Corte las hortalizas en trozos grandes. Limpie las setas y, si es necesario, frótelas con papel de cocina húmedo.

2 Lave los tomates, retire los pedúnculos y córtelos en dados pequeños. Limpie el estragón y el tomillo, séquelos y píquelos groseramente.

3 Caliente 3 cucharadas de aceite en una cacerola y sofría los trozos de apio, cebolla y zanahoria. Moje con el vino y un poco de agua. Añada las hierbas. Deje cocer unos 20 minutos a fuego lento.

4 Pase las hortalizas por un tamiz y separe los trozos de apio. Vuelva a hervir el caldo obtenido. Añádale la mantequilla, 2 cucharadas de aceite, los dados de tomate, las setas y el apio y déjelo hervir durante 5 minutos. Sazone con sal y pimienta.

5 Sazone los filetes de rodaballo con sal y pimienta. Caliente 1 cucharada de aceite en una sartén y fría los filetes unos 2 minutos por cada lado. Añada las gambas y prosiga la cocción otros 2 minutos. Dé la vuelta a las gambas.

6 Disponga los filetes de rodaballo sobre las hortalizas y los trozos de apio y rocíe con un poco de caldo. Si lo desea, adorne con barrilla escaldada.

Lucioperca con espinacas
y mantequilla de setas

Preparación
PARA 4 PERSONAS

1 Prepare las espinacas, lávelas a fondo y póngalas mojadas en una cacerola. Tápelas y cuézalas a fuego moderado hasta que se reduzcan de volumen y déjelas enfriar.

2 Lave y seque los filetes de pescado. Haga unos cortes en forma de rejilla sobre la piel (*véase* fotografía) y sálelos.

3 Mezcle la harina con las setas molidas y enharine los filetes con esta mezcla. Caliente en una sartén la mantequilla y fría los filetes por ambos lados unos 6 minutos.

4 Pele las cebollas y píquelas finamente. Caliente 1 cucharada de mantequilla y sofría las cebollas hasta que estén transparentes. Añada las espinacas. Limpie bien las setas, córtelas en dados pequeños y saltéelas en 75 g de mantequilla caliente. Añada la mantequilla fría restante cortada en trozos pequeños.

5 Sazone las espinacas con sal y pimienta y distribúyalas en los platos. Coloque los filetes de lucioperca sobre las espinacas y vierta por encima la mantequilla de setas.

Ingredientes

500 g de hojas de **espinacas**

4 filetes de **lucioperca**

sal

2 cucharadas de **harina**

2 cucharaditas de **setas** molidas

2 cucharadas de **mantequilla** derretida

2 **cebollas**

160 g de **mantequilla**

3-4 **setas calabaza** frescas

pimienta recién molida

Ingredientes

4 **tomates** grandes

4 **cebollas** tiernas

1 **aguacate** maduro

½ manojo de **albahaca**

5 cucharadas de **aceite de oliva**

zumo de 1 limón

sal · **pimienta** recién molida

1 **guindilla roja**

1 **diente de ajo**

4 rodajas de **salmón**

algunas hojas de **perejil**

Salmón a la parrilla
con ensalada de aguacate y tomate

Preparación
PARA 4 PERSONAS

1 Lave los tomates, elimine los pedúnculos y córtelos en dados. Prepare y lave las cebollas tiernas, lávelas y córtelas en rodajas. Parta el aguacate por la mitad a lo largo, pélelo, elimine el hueso y córtelo en dados.

2 Lave la albahaca, séquela y píquela finamente; reserve una cucharada. Mezcle los dados de cebolla, el tomate y el aguacate con la albahaca y 3 cucharadas de aceite, el zumo de limón, sal y pimienta y déjelo macerar.

3 Corte la guindilla por la mitad a lo largo, elimine las semillas, lávela y córtela en tiras. Mezcle 2 cucharadas de aceite con las tiras de guindilla y la albahaca reservada. Pele el ajo, píquelo y añádalo a esta mezcla.

4 Sazone las rodajas de salmón con sal y pimienta, úntelas con la mezcla de aceite, guindilla y albahaca. Áselas sobre una parrilla de carbón o con el grill y acompáñelas con la ensalada de aguacate y tomate decorada con perejil.

Filetes de merluza
a la cazuela

Aunque esté ligeramente desfasada, una cazuela de barro hermética asegurará
que mientras el pescado y las hortalizas se cocinan mantienen todas sus propiedades.

Ingredientes

4 filetes de **merluza**

sal · **pimienta** recién molida

2 cucharaditas de **zumo de limón**

400 g de **zanahorias**

300 g de **colinabo**

200 g de **apio**

2 **cebollas** tiernas

½ manojo de **perejil**

1 cucharada de **mantequilla**

¼ l de **caldo vegetal**

Preparación
PARA 4 PERSONAS

1 Humedezca la cazuela. Para ello, sumérjala en agua un mínimo
de 15 minutos para que los pequeños poros del barro se llenen de
agua. Sazone los filetes de pescado con sal y pimienta y rocíelos
con zumo de limón.

2 Pele las zanahorias y el colinabo y córtelos en tiritas finas. Prepare
y lave el apio y las cebollas tiernas y córtelos en rodajas finas y
aros, respectivamente. Lave, seque el perejil y píquelo de modo
que quede fino.

3 Caliente la mantequilla en una sartén y sofría las hortalizas.
Sazónelas con sal y pimienta y añada el caldo. Agregue el perejil
y vierta el conjunto en la cazuela.

4 Coloque encima los filetes de pescado y tape la cazuela.
Introdúzcala en el horno frío y caliéntelo a 220 °C. Hornee
el pescado y las hortalizas unos 35 minutos.

5 Distribuya los filetes de pescado en los platos. Agregue
las hortalizas y vierta por encima el caldo de cocción.

**Para cocinar este plato necesitará
una cazuela de barro sin esmaltar,
en la que los alimentos se cuecen
sin grasa.**

Filetes de lucioperca
con ensalada de zanahoria y pera

Una **presentación** exótica: la mezcla de especias indias
y la ensalada de frutas confieren a este plato un toque **especial**.

Ingredientes

700 g de **zanahorias** pequeñas

(con el tallo)

2 **peras** pequeñas

8 cucharadas de **aceite de oliva**

100 ml de **caldo vegetal**

zumo de ½ **limón**

sal

pimienta recién molida

2 cucharadas de hojas de **perifollo**

4 filetes de **lucioperca** (con piel)

1 pizca de **garam masala** (mezcla

de especias india)

Preparación
PARA 4 PERSONAS

1 Corte el tallo de las zanahorias dejando sólo 2 cm, pélelas y cuartéelas longitudinalmente. Divida los trozos muy largos de forma transversal. Lave las peras, cuartéelas, elimine las semillas y córtelas en gajos.

2 Caliente 1 cucharada de aceite en una sartén y sofría las zanahorias. Añada el caldo cucharada a cucharada hasta que las zanahorias estén al dente. Añada las peras, tápelas, déjelas cocer al vapor brevemente y retire el recipiente del fuego. Añada el zumo de limón y 2 cucharadas de aceite, sazone con sal y pimienta y mézclelo todo con las hojas de perifollo.

3 Pele el pescado. Corte la piel a trozos y fríalos en una sartén con 2 cucharadas de aceite. Déjelos escurrir sobre papel de cocina y sazónelos con sal y pimienta.

4 Caliente el aceite restante en una sartén. Sazone los filetes de pescado con sal, pimienta y el garam masala, y fríalos 2 minutos por lado.

5 Reparta la ensalada de zanahoria y pera en los platos. Disponga los filetes de pescado por encima y adórnelos con las pieles fritas.

Garam masala quiere decir «mezcla cálida», ya que esta mezcla de especias india calienta el cuerpo. Está compuesta por hasta 13 especias, entre ellas clavos, cilantro, nuez moscada y canela.

Rape
con ragú de mejillones

Se cuece **parcialmente** en la sartén y se termina en el horno, así el calor imparte su efecto de la manera más **uniforme**.

Ingredientes

1 kg de **rape** (sin piel)

sal · **pimienta** recién molida

700 g de **mejillones**

1 **escalonia**

4 **dientes de ajo**

5 cucharadas de **aceite de oliva**

1 rama de **tomillo**

⅛ l de **vino blanco** seco

2 cucharadas de **crema de leche** espesa

80 g de **mantequilla** congelada

pimienta de Cayena

un poco de **zumo de limón**

2 cucharadas de **perejil** picado

2 cucharadas de **albahaca** picada

Preparación
PARA 4 PERSONAS

1 Sazone el rape con sal y pimienta. Frote los mejillones con un cepillo bajo un chorro de agua fría. Elimine los que están abiertos.

2 Pele la escalonia y un diente de ajo y píquelos. Caliente 2 cucharadas de aceite en una sartén honda y sofría la escalonia y el ajo.

3 Agregue los mejillones y la rama de tomillo. Moje con el vino blanco y deje cocer con el recipiente tapado y a fuego vivo hasta que los mejillones se abran.

4 Retire los mejillones y déjelos enfriar. Elimine los que no se hayan abierto. Separe la carne de las conchas. Filtre el caldo por un tamiz y hiérvalo hasta que se reduzca a la mitad de su volumen.

5 Mezcle la crema con el caldo y deje que hierva brevemente. Añada la mantequilla y mézclelo con la batidora eléctrica. Sazónelo con la sal, la pimienta, la pimienta de Cayena y el zumo de limón. Por último, añada los mejillones, el perejil y la albahaca.

6 Precaliente el horno a 220 °C. Caliente el aceite restante en una fuente refractaria y dore el rape con los dientes de ajo restantes, sin pelar, a fuego vivo. Coloque la fuente en el horno precalentado y hornee de 8 a 10 minutos.

7 Sirva el rape con el ragú de mejillones y, si lo desea, decórelo con las flores de tomillo.

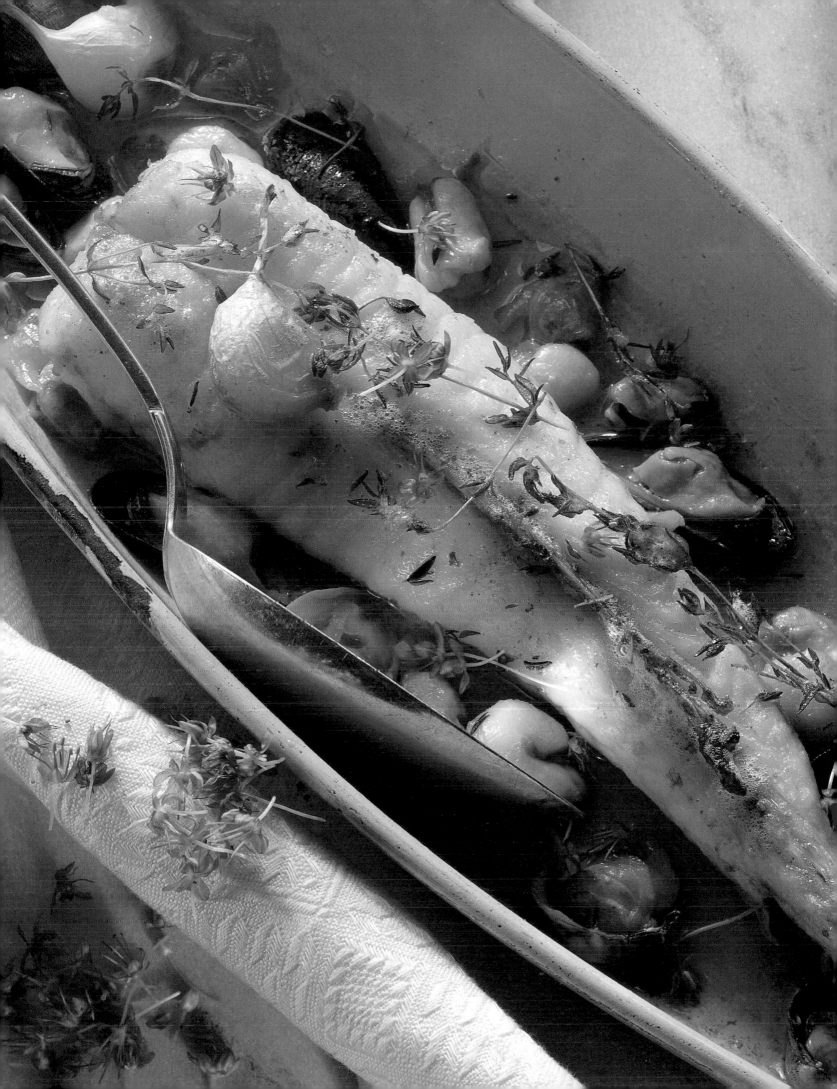

Lubina
hojaldrada

No sólo es una delicia para la vista: el pescado jugoso y suave
se convierte en un manjar gracias a su delicioso relleno.

Ingredientes

600 g de **hojaldre** (congelado)

1 **lubina** (de unos 800 g)

400 g de **gambas**

(listas para cocinar)

250 g de **crema de leche**

4 **huevos**

4 cucharaditas de **mantequilla**

sal · pimienta recién molida

1 cucharada de **estragón**

picado fino

Preparación
PARA 4 PERSONAS

1 Descongele las placas de hojaldre.

2 Corte las aletas del pescado, elimine las agallas, libere la espina dorsal, córtela a la altura de la cabeza y la cola y retírela con cuidado junto con las vísceras. Enjuague el pescado con agua fría y séquelo. Saque las espinas visibles con unas pinzas.

3 Coloque un recipiente metálico dentro de otro de mayor tamaño lleno de cubitos de hielo. Para el relleno, trocee las gambas y tritúrelas con la batidora eléctrica dentro del recipiente metálico. Añada la crema, 3 huevos y la mantequilla. Sazone el relleno con sal y pimienta y déjelo enfriar en el congelador durante 10 minutos. Precaliente el horno a 220 °C.

4 Prepare 4 placas de hojaldre. Humedezca cada una de las 4 placas de hojaldre, coloque una sobre otra y extiéndalas con el rodillo hasta formar 2 placas algo más grandes que el pescado. Cubra la placa del horno con papel sulfurizado y coloque encima una placa de hojaldre. Ponga el pescado encima y frote el interior con sal, pimienta y estragón. Rellene el pescado con la mezcla de gambas.

5 Casque el huevo restante, separe la clara de la yema y pincele los bordes de la pasta con la clara. Coloque encima la segunda placa y presione los bordes de la pasta siguiendo el contorno del pescado. Utilice un cortapastas para separar la masa sobrante, aunque debe dejar un borde de alrededor de 1,5 cm.

6 Con la masa restante, recorte aletas, cola y escamas para decorar el pescado. Pincele el hojaldre con la yema de huevo y hornee el pescado en el horno unos 30 minutos. Deje que repose 5 minutos antes de cortarlo.

Pulpitos
marinados y fritos

Preparación
PARA 4 PERSONAS

1 Prepare los pulpitos: corte las patas justo debajo de los ojos, separándolas de la cabeza, pero de forma que permanezcan unidas por una sección delgada. Pélelos, retire la pluma interior y las vísceras y trocéelos. Lávelos bajo un chorro de agua fría.

2 Para la marinada, mezcle el jerez, el zumo de limón, la salsa worcester, la salsa tabasco y deje marinar los pulpitos en esta mezcla cerca de 1 hora.

3 Mezcle la harina con un poco de pimienta. Deje escurrir los pulpitos, enharínelos y sacúdalos ligeramente para eliminar el exceso de harina.

4 Caliente el aceite en una freidora o sartén grande a 180 °C y fría los pulpitos de 3 a 4 minutos o hasta que estén dorados.

5 Déjelos escurrir sobre papel de cocina. Sálelos y sírvalos con gajos de limón.

Ingredientes

250 g de **pulpitos**

4 cl de **jerez** seco

2 cucharadas de **zumo de limón**

unas gotas de **salsa worcester**

unas gotas de **salsa tabasco**

2-3 cucharadas de **harina**

pimienta recién molida

aceite para freír

sal · unos **gajos de limón**

Ingredientes

500 g de **pulpitos**

sal

300 g de **gambas**

6 **salmonetes de roca** pequeños

500 g de **sardinas** frescas

aceite para freír

pimienta recién molida

harina para rebozar

algunas **rebanadas de limón** partidas

Fritura de pescados
con limón

Preparación
PARA 4 PERSONAS

1 Enjuague los pulpitos con agua fría. Escáldelos en agua salada hirviendo durante 1 ½ minutos y enjuáguelos con agua fría.

2 Pele las gambas y retire el conducto intestinal. Desescame los salmonetes y sardinas, lávelos y séquelos.

3 Caliente el aceite en una cacerola honda y ancha. Sazone el pescado con sal y pimienta y enharínelo.

4 Fría tandas de pulpitos y salmonetes de 3 a 4 minutos, y de sardinas y gambas unos 2 minutos, hasta que estén doradas. Déles la vuelta mientras los fríe.

5 Una vez fritos, resérvelos en una fuente tapizada con papel de cocina en el horno a 50 °C. Por último, ponga todos los pescados fritos sobre una fuente grande adornada con los gajos de limón.

Mejillones
gratinados con hierbas

Los humildes mejillones preparados de esta manera
también agradarán a los mejores gastrónomos.

Ingredientes

24 mejillones grandes

½ l de vino blanco

2 ramas de tomillo

unos granos de pimienta negra

sal · sal marina gruesa

2-4 dientes de ajo

2 escalonias

4 cucharadas de aceite de oliva

1 cucharadita de hierbas de

Provenza

1 cucharada de perejil picado

3-4 cucharadas de pan rallado

1 cucharada de coñac

pimienta recién molida

Preparación
PARA 4 PERSONAS

1 Limpie los mejillones bajo un chorro de agua fría. Elimine los que estén abiertos.

2 Póngalos en una cacerola con el vino, las ramas de tomillo y los granos de pimienta, tápelos y déjelos cocer hasta que se abran. Saque los mejillones con la espumadera y elimine la parte superior de las conchas. Tire los mejillones que no se hayan abierto.

3 Cubra el fondo de una fuente refractaria con sal gruesa y coloque los mejillones encima, uno junto a otro. Precaliente el horno a 220 °C.

4 Pele el ajo y las escalonias y córtelas en dados finos. Caliente el aceite en una sartén y sofría los dados de ajo y escalonia. Añada las hierbas y el suficiente pan rallado para que se forme una masa lisa. Retírela del fuego, añada el coñac y sazónela con sal y pimienta.

5 Distribuya esta mezcla sobre los mejillones con la ayuda de 2 cucharas de café. Gratine los mejillones en el horno unos minutos, hasta que estén dorados y crujientes.

Los mejillones gratinados resultan especialmente decorativos sobre un lecho de hojas de espinaca escaldadas y algo especiadas.

Lubina
con acelgas

Gracias a las **aromáticas** especias y a la mantequilla de limón
y alcaparras, la lubina se convertirá en uno de sus pescados **favoritos.**

Ingredientes

700 g de **acelgas** · **sal**

1 **cebolla** pequeña

5 cucharadas de **aceite de oliva**

1 cucharada de **pasas**

pimienta recién molida

nuez moscada recién rallada

1 hoja de **laurel**

1 cucharadita de granos de **cilantro**

1 cucharadita de semillas de **hinojo**

4 **bayas de enebro**

2 **dientes de ajo**

100 ml de **vino blanco**

4 ramas de **tomillo, romero**

y **perejil**

1 **lubina** (de 1,2 kg

aproximadamente)

1 **limón**

1 cucharada de **mantequilla**

1 cucharada de **alcaparras**

Preparación
PARA 4 PERSONAS

1 Separe las hojas de los tallos de las acelgas, lávelas y córtelas. Elimine los filamentos de los tallos de las acelgas y divídalos en trozos pequeños. Escalde las hojas y los tallos por separado en agua hirviendo salada, enjuáguelos con agua fría y déjelos escurrir. Precaliente el grill del horno.

2 Pele la cebolla y córtela en dados pequeños. Caliente 2 cucharadas de aceite en una sartén y sofría los dados de cebolla hasta que estén transparentes. Mezcle las hojas y los tallos de acelga con las pasas y sazone con sal, pimienta y nuez moscada.

3 Caliente 2 cucharadas de aceite en una fuente refractaria y rápidamente la hoja de laurel, el cilantro, el hinojo, las bayas de enebro y los dientes de ajo sin pelar. Añada el vino blanco y las hierbas.

4 Lave y seque el pescado; sazónelo por dentro y por fuera con sal y pimienta. Caliente 1 cucharada de aceite en una sartén y dore el pescado por ambas caras. Colóquelo encima del lecho de hierbas en la fuente refractaria y hornéelo en el grill unos 20 minutos.

5 Pele el limón, córtelo a rodajas finas. Derrita la mantequilla en una sartén y caliente rápidamente el limón y las alcaparras.

6 Disponga las acelgas en los platos. Filetee la lubina y rocíela con la mantequilla de limón y las alcaparras.

Índice de recetas

BLUME

Título original:
Fisch und Meeresfrüchte

Traducción:
Maite Rodríguez Fischer

Revisión de la edición en lengua española:
Ana María Pérez Martínez
Especialista en temas culinarios

Coordinación de la edición en lengua española:
Cristina Rodríguez Fischer

Primera edición en lengua española 2002
Reimpresión 2003, 2004

© 2002 Naturart, S.A. Editado por BLUME
Av. Mare de Déu de Lorda, 20
08034 Barcelona
Tel. 93 205 40 00   Fax 93 205 14 41
E-mail: info@blume.net
© 2001 Verlag Zabert Sandmann GmbH, Múnich

ISBN: 84-8076-435-X
Depósito legal: B. 3.951-2004
Impreso en Egedsa, S.A., Sabadell (Barcelona)

CONSULTE EL CATÁLOGO DE PUBLICACIONES *ON-LINE*
INTERNET: HTTP://WWW.BLUME.NET

Créditos fotográficos

Sobrecubierta: StockFood/James Jackson (portada); StockFood/Susie Eising
(contraportada, izquierda); Christian R. Schulz (contraportada, centro y derecha)

Walter Cimbal: 9/d; Christian R. Schulz: 43, 45, 72–73, 85, 95; StockFood/Chris Alack: 41;
StockFood/Uwe Bender: 23; StockFood/Harry Bischof: 6/iz, 7/sd; StockFood/Jean Cazals:
14, 15, 37, 63, 71, 79; StockFood/Brett Danton: 29; StockFood/James Duncan: 75;
StockFood/Susie Eising: 18, 19, 51, 55, 57, 77, 87, 91; StockFood/S. y P. Eising: 4–5, 6/d, 7/siz,
8, 9/siz e iiz, 10–11, 17, 26–27, 31, 33, 34, 35, 40, 48, 49, 52–53, 60, 61, 64, 65, 67, 68, 89, 90, 93;
StockFood/Molly Hunter: 7/3. de siz, 47; StockFood/James Jackson: 81; StockFood/Jörg
Lehmann: 80; StockFood/Nicolas Leser: 13; StockFood/Losito & Losito snc: 22;
StockFood/Marcialis: 7/id; StockFood/Len Mastri: 59; StockFood/Studio R. Schmitz: 21,
83; StockFood/Simon Smith: 39; StockFood/Maximilian Stock LTD: 2–3, 7/2. y 4. de siz;
StockFood/Elizabeth Watt: 69; StockFood/Bernhard Winkelmann: 25